MÉMOIRE

SUR

LA COMPOSITION DES BUDGETS

DE 1818, 1819 ET 1820,

ET LA LIQUIDATION DE LA DETTE EXIGIBLE,

SUR

LE RÉGLEMENT ET L'AMORTISSEMENT DE LA DETTE CONSTITUÉE,

Sans augmentation d'impôts, sans l'aliénation des Domaines, sans emprunts et sans papier-monnaie;

DÉDIÉ A LA CHAMBRE DES DÉPUTÉS,

PAR M. PAPION,

MEMBRE DE LA NOBLESSE DE TOURAINE.

TOURS,

LETOURMY, IMPRIMEUR DU ROI, ET LIBRAIRE,
Rue Royale, N.° 69.

Se trouve à PARIS, chez PELLISSIER, Libraire, Cour du Palais-Royal, N.° 10, ainsi que tous les Ouvrages du même Auteur, sur l'Agriculture, le Commerce et les Finances.

1817.

A MESSIEURS LES MEMBRES COMPOSANT LA CHAMBRE DES DÉPUTÉS.

MESSIEURS,

QUAND on aime sincèrement sa patrie, on fait des vœux pour le bonheur du Roi et la prospérité de son Gouvernement, on prend part aux évènemens qui les intéressent, on se forme une politique et des opinions sur le sort de la chose publique. Témoin du renversement de la monarchie, des destructions les plus révoltantes, de la gloire de l'usurpateur achetée par tant de sacrifices, de son despotisme dans ses idées gigantesques, je ne voyais le terme des maux de la France que dans le rétablissement de son Roi légitime sur le trône. Cet heureux évènement arriva en 1814, *et la France avait encore une belle existence. Dans l'intérêt de ma patrie je dédiai au Roi un Mémoire sur l'administration générale du commerce et de l'industrie, qui fut reçu avec bonté par Sa Majesté : je considérais alors que l'activité du commerce et de l'industrie devait rendre à la France son ancienne splendeur.*

En mars 1815 *une réaction funeste bouleversa la France, et porta le plus grand désordre dans les finances, dont le rétablissement dépend du systéme que l'on adoptera. Simple spectateur des efforts que l'on fait pour y parvenir, mon opinion n'est jusqu'à présent qu'une propriété particulière et personnelle ; tout ce qui a été fait depuis* 1815 *pour le rétablissement des finances a alimenté mes idées sur le système qui peut convenir pour sauver les finances de l'Etat pénible où elles sont, et la France des malheurs qui la menacent.*

L'ordonnance du 16 *août* 1815, *par laquelle le Roi réclamait une contribution de guerre de* 100 *millions, à titre d'avance sur les contributions, a donné naissance au systéme de finances que je m'étais formé. A cette époque, par une* Opinion sur les finances *que je publiai et que j'adressai au Ministère et aux deux Chambres, j'observais que l'esprit de l'ordonnance étant de déléguer sur les contributions, il était de la politique du Gouvernement de porter la contribution de guerre à* 500 *millions, parce qu'en administration, il ne fallait pas de demi-mesures ; qu'en donnant aux prêteurs des délégations admissibles dans le paiement de leurs contributions, on obtiendrait facilement les secours dont le trésor royal avait besoin. Mon systéme de finances ayant pour base des délégations, tire donc son origine de la première ordonnance du Roi sur les finances, qui est basée sur la justice et la bonne foi de Sa Majesté ; toutes les méditations auxquelles je l'ai assujetti n'ont fait que me confirmer, Messieurs, qu'il peut être convenable à la situation actuelle des finances, ce qui me donne plus de confiance pour soumettre ce Mémoire à vos lumières.*

Par le tableau du projet de réglement des budgets de

1818, 1819 *et* 1820, *et de la liquidation de l'arriéré, vous verrez, Messieurs, que l'émission des délégations qui sera nécessaire ne surpassera pas* 1300 *millions, émission inférieure de moitié à celle qu'il faudrait en consolidé pour le seul service des finances jusqu'au* 1.er *janvier* 1821, *époque où on aurait encore à régler l'arriéré; que sur ces* 1300 *millions*, 500 *millions serviraient à la liquidation de l'arriéré, et que les* 800 *millions pour suppléer aux dépenses extraordinaires seraient à négocier par tiers chaque année; que leur négociation ayant lieu dans les départemens, où elles seraient admissibles en paiement des contributions, serait plus prompte et moins coûteuse que n'est celle du consolidé dans la Capitale où il se place avec tant de sacrifices. Remarquez encore, Messieurs, que le système que je propose ne réclame ni augmentation sur les contributions et les impôts, ni l'aliénation des domaines, ni emprunts, ni papier-monnaie; que le titre d'une délégation remboursable par dixième, nécessite son remboursement successif, et ne laisse pas, comme le consolidé, ce* limon *qui ajoute à la dette.*

Par ce tableau, vous verrez qu'au 1.er *janvier* 1821 *la dette qui se composera des coupons à rentrer, ne présentera qu'un passif de* 1035 *millions, qui serait plus du double en continuant le système des emprunts, et qu'au* 1.er *janvier* 1830, *par la rentrée totale des coupons, la dette de l'État sera entièrement soldée. Vous remarquerez encore que la France se sera formée une ressource connue, à la disposition du Gouvernement, et qui le mettrait au-dessus de tous les évènemens.*

Si le systéme des délégations peut être adopté, dans cette session vous pouvez arrêter la composition des budgets de 1818, 1819 *et* 1820, *la liquidation de l'arriéré, et vous suspendrez cette anxiété que donne l'incertitude des ressources à employer chaque année pour le service des finances : cette adoption assurerait le bonheur du Roi; la France n'aurait pas à craindre que sa tranquillité soit troublée par le désordre des finances; la position pénible des finances ne donnerait pas naissance à des opinions politiques de toutes espèces, qui exaspèrent les têtes, et divisent l'ordre social; le sort de la monarchie serait à l'abri des manœuvres de tant de gens qui ne songent qu'à troubler le repos de la France.*

Si mes observations peuvent vous convaincre, Messieurs, de la nécessité de fixer le sort des finances, en écartant le systéme fatal des emprunts; nul doute que pour l'intérêt du Roi et de la patrie, vous y mettrez l'énergie qui correspond à votre zèle et à vos vœux pour le bonheur public : je ne fais ici que vous présenter une ressource personnelle de la France, dont il était dans l'intention du Roi lui-même de faire usage, tel que le prouve l'ordonnance du 16 *août* 1815.

Considérez la position actuelle des finances.

En 1817 *le budget s'est composé de* 600 *millions de consolidé, de l'aliénation des forêts de la couronne, de supplémens sur les contributions et les impôts.*

Le budget de 1818 *comprendra la dépense des contributions de guerre qui seront à-peu-près les mêmes qu'en*

1817; *à cette dépense il y aura à ajouter* 30 *millions d'intérêt de la somme de* 600 *millions de consolidé accordés pour le service de* 1817 : *vous n'aurez plus, pour* 1818, *la ressource de l'aliénation des forêts, des supplémens sur les contributions et les impôts, mais seulement du consolidé dont la masse devant être plus forte, forcera à une perte plus considérable pour son placement qu'en* 1817.

Le budget de 1819 *ayant les mêmes besoins, les sacrifices seront plus grands par l'émission de* 1818 *dont il faudra payer les intérêts.*

Le budget de 1820 *sera encore plus malheureux.*

Je mets en opposition, Messieurs, le réglement des budgets de 1818, 1819 *et* 1820 *par le systême des emprunts, avec celui que je présente par le systême des délégations.*

En adoptant le systême des emprunts, on change avec des frais les créanciers de l'État, on traite avec des étrangers qui ne songent qu'à leurs intérêts et ne s'inquiètent nullement du rétablissement de nos finances : en adoptant le systême des délégations, le Gouvernement fait usage de ses ressources personnelles, en concédant une valeur incontestable qui liquide et ne laisse aucune suite ajoutant à la dette, dont elle lui assure au contraire le remboursement. Il traite avec des contribuables avec lesquels il est en compte courant du paiement de leurs contributions, et du remboursement des coupons de délégations qui seraient entre leurs mains; en un mot avec des citoyens intéressés au rétablissement des finances, puisqu'ils auraient la perspective de dégrèvemens qui leur sont indispensables.

La présente session, Messieurs, fera époque dans les annales des finances, si vous adoptez un mode qui leur soit favorable. Du sort des finances dépend celui de la monarchie, la prospérité de la nation entière dont l'industrie prenant son ancienne activité, réparerait ses malheurs, et la mettrait en état de satisfaire avec aisance aux besoins des finances de l'État.

Sur l'amortissement de la dette.

Si, pour le service des finances, Messieurs, on continue le systéme des emprunts (en émettant du consolidé), *on rend l'amortissement impossible, et la caisse d'amortissement est un établissement illusoire, puisque la perte faite chaque année ne peut jamais être compensée par les bénéfices de la caisse qui n'a qu'une dot de 40 millions qui lui est fournie par le trésor royal, et encore pour laquelle on fait des sacrifices qui rendent le bénéfice nul et alimentent l'agiotage, puisqu'on vend des rentes pour acheter des rentes, ce qui présente double opération pour le service de l'agiotage. On a mis à la disposition de cette caisse l'aliénation des forêts; le produit sera bien bien peu de chose en comparaison du sacrifice qu'on en fait et de l'injustice d'en priver la postérité.*

Jamais un Gouvernement ne peut constituer de rentes perpétuelles (comme le consolidé), *puisque la postérité qui doit en continuer la rente, n'est pas là pour la ratifier, que le Gouvernement constituant ne sera pas présent à la discussion élevée par la postérité pour en suppri-*

mer le service ; et dans cette discussion, mille contribuables stipuleront pour la suppression, contre un rentier pour le paiement de la rente.

Les seules rentes qu'un Gouvernement ait le véritable droit de constituer, sont les rentes viagères, parce qu'elles ne laissent pas le sédiment des rentes perpétuelles ; qu'il en sert pendant un laps de temps la rente par lui-même ; que la rente viagère étant une des ressources des Gouvernemens, le service est continué par la génération qui succède, comme celle qui lui succédera, continuera le service de celles qu'elle constituera.

En proposant, par ce Mémoire, Messieurs, de constituer en viager la rente payée au titre constitué, on assurerait aux créanciers une véritable garantie de leur titre ; on les mettrait à l'abri des révisions et des réductions dont ils sont menacés par la postérité ; en un mot, ce réglement serait tout dans l'intérêt des créanciers de l'État. Quant à l'intérêt du Gouvernement et des finances, il ne serait pas onéreux, malgré les supplémens qui seraient nécessités par la différence de l'intérêt viager à celui perpétuel ; on peut s'en convaincre par le tableau annexé à ce Mémoire, qui prouve que si, dans la première année, on paye un supplément de 30 *millions, les extinctions produisent une rentrée de* 40 *millions, et on remarquera avec quelle rapidité les bénéfices prendront de l'accroissement, puisqu'à la* 10.e *année l'administration des rentes viagères aurait en rentes foncières un produit égal au viager qu'elle aurait à payer ; et que progressivement les bénéfices, ou l'acquit de la dette, augmenteront.*

Si les délégations rentrées offrent au Gouvernement une ressource qui puisse lui être utile dans ces circonstances, l'administration pour les rentes viagères en sera une seconde à sa disposition.

L'administration pour les créations viagères est toute formée dans la caisse d'amortissement; elle conserverait le but de son institution, en le remplissant réellement. Par ce moyen l'aliénation des forêts serait suspendue; son commerce de négociation (l'agiotage) *serait réformé, et le Gouvernement trouverait dans les administrateurs de cette caisse des homme probes, zélés et intelligens, qui opéreraient avec satisfaction, puisqu'ils seraient témoins des succès et du but de leur administration.*

Si les propositions contenues dans ce Mémoire peuvent contribuer, Messieurs, au rétablissement des finances et à l'amortissement de la dette, la Providence couronnera mes vœux au-delà de mon attente; mon travail et tous mes frais seront un placement en jouissance viagère, en voyant à la France la prospérité à laquelle elle doit prétendre sous un Roi probe, juste et légitime; et comme Mithridate expirant sur le champ de bataille, je me dirai: Mes derniers momens d'existence ont été témoins du rétablissement des finances, de la chute de l'agiotage si funeste à ma patrie, et la France reprenant son ancienne splendeur, elle oubliera tous ses désastres et ses revers!

J'ai l'honneur d'être avec respect,

MESSIEURS,

Votre très-humble et très-obéissant serviteur, PAPION.

Tours, ce 1.er Novembre 1817.

PROJET DE RÉGLEMENT
DES BUDGETS DE 1818, 1819 ET 1820, DE LA LIQUIDATION DE L'ARRIÉRÉ, SANS SUPPLÉMENS DE CONTRIBUTIONS ET D'IMPÔTS, SANS L'ALIÉNATION DES FORÊTS, SANS EMPRUNTS ET SANS PAPIER-MONNAIE.

PREMIÈRE PARTIE.

UN Royaume, comme la France, n'est pas comme un particulier, dont les opérations aident la fortune, qui dépend de l'opinion, qui souvent n'a qu'une existence précaire, igorée, incertaine.

Un Royaume, comme la France, connaît sa richesse, connaît ses besoins, peut régler ses intérêts; la faute ne peut être, que de ne pas connaître sa solidité, et d'avoir cette vague incertitude qui ajoute à sa dette.

Toutes les Puissances de l'Europe sont aussi affligées du désordre de leurs finances, que la France; aucune ne possède autant de ressources personnelles pour les rétablir : elle doit donc faire usage de ses propres moyens, qui feront toujours sa force, et renoncer au système d'agiotage qui ruine le Royaume, qui fait la loi au Ministère et qui entretient le Gouvernement dans cette vague incertitude qui ajoute aux embarras de sa dette.

Le système d'agiotage qui, malheureusement existe encore, ne pouvait convenir qu'au gouvernement de l'usurpateur, aussi outré dans sa dépense, qu'extravagant dans ses idées gigantesques. On a suivi les mêmes principes de son administration, lorsqu'on a proposé pour le service des finances de 1817,

1.° Des supplémens sur les contributions et les impôts;
2.° L'aliénation des forêts de la couronne;
3.° Une émission de 600 millions de consolidé.

J'ai cherché à éviter qu'on adoptât de pareilles ressources, en publiant un plan de finances qui présentait des moyens suffisans pour assurer le service du trésor royal, acquitter la dette exigible, mettre les finances au pair, sans augmentation d'impôts, sans aliéner les forêts de la couronne, sans emprunts et sans papier-monnaie; le projet du budget ayant été accepté par les Chambres au mois de mai dernier, j'ai rendu publique mon opinion sur l'atermoiement de la dette exigible et l'amortissement de la dette constituée, afin d'éclairer le Gouvernement et la nation entière sur leurs propres intérêts et leur indiquer les ressources personnelles de la France, pour prévenir la continuation du système adopté pour 1817.

Par ce supplément je développerai l'utilité et l'avantage que le Gouvernement trouvera d'en faire usage, puisqu'il sera assuré de son service, de la liquidation de sa dette exigible, et du rétablissement de ses finances, sans augmentation d'impôts, sans aliénations, sans emprunts, etc.

Par la même opinion, je proposais d'amortir la dette constituée par des constitutions de rentes viagères qui ne compromettraient ni les intérêts du Gouvernement, ni ceux des créanciers de l'État ; que ces rentes seraient recherchées du public, quoique, pour leur service, le Gouvernement n'eût rien à ajouter aux 5 p.r 100 de la dette constituée.

Depuis long-temps j'étudie les ressources qui peuvent être favorables au rétablissement des finances ; la maturité de l'âge, l'expérience de toutes les révolutions financières dont j'ai été témoin, ont formé mon jugement en finances. L'idée que je me suis formée sur les ressources personnelles de la France, a surpassé mon attente. Le plus cruel ennemi que la France ait à combattre, pour parvenir au rétablissement de ses finances, c'est l'agiotage, sous l'influence duquel on a résumé les trois propositions présentées au mois de novembre 1816 à la Chambre des Députés, pour former le budget de 1817 : j'essaierai de prouver leur insuffisance, et combien elles peuvent être nuisibles au Gouvernement, aux propriétaires, au commerce et à l'industrie, aux créanciers de l'État, à la nation entière et à la postérité.

Par la première proposition, on réclame des supplémens sur les contributions et les impôts.

A-t-on consulté si les contribuables pourront les supporter, s'ils auront assez de moyens pour les payer ? A-t-on considéré si une surcharge sur les impôts ne sera pas nuisible au mouvement de l'industrie et à l'activité du commerce?

Par la seconde proposition, on demande l'aliénation des forêts de la couronne.

L'aliénation des forêts ne peut être licite sous aucun Gouvernement, puisque c'est un fonds inaliénable qui appartient à toutes les générations qui se succéderont, et dont celle existante n'a que la conservation et l'emploi pour son service.

Sous le rapport de l'économie rurale, la vente des forêts de la couronne aurait des suites funestes pour l'avenir, parce que l'on préparerait une disette sur ce combustible de première nécessité.

Des ventes de bois dans une plus grande proportion que ne le comporte la consommation, en dénaturerait le prix et la valeur, ruinerait ceux qui en possédent, qui, payant des contributions disproportionnées à leur produit, abandonneront leurs bois et ne les renouvelleront pas par des ensemencemens et des plantations.

Les lois anciennes et la distribution des propriétés forestières étaient favorables à la conservation des forêts.

Les grandes forêts appartenaient aux domaines de la couronne, et étaient par la loi inaliénables; d'autres dépendaient de principautés, de duchés, de marquisats, de comtés, de baronnies, etc., qui étaient substitués : comme les forêts faisaient partie des immeubles grevés par la substitution, les détenteurs, pour avoir le droit de les abattre, étaient soumis à des formalités qui étaient favorables à leur conservation. Le clergé possédait aussi des forêts qui, comme ses autres immeubles, étaient main-mortables; comme le Roi nommait à tous les bénéfices, tous les bois en dépendans, qui étaient nécessaires pour le service de la marine, étaient mis en réserve.

Depuis la révolution, cet ordre de choses n'existe plus. La vente et le pillage des bois du clergé, de tous les domaines titrés, et l'aliénation même d'une partie des domaines de la couronne, ont mis entre les mains d'une multitude de propriétaires la majeure partie des bois qui existaient en France : les ventes de tous ces domaines ont fait abattre les bois avec d'autant plus d'empressement, qu'une partie des coupes payait la valeur du domaine acheté. Ce sont tous ces abattis qui ont diminué la richesse de la France en forêts ; il ne reste plus en grande partie en ce moment de grandes propriétés forestières que celles qui dépendent des domaines de la couronne, dont il est important d'éviter la vente, et dont la politique et la justice réclament la conservation.

Si l'on veut conserver une marine, il faut conserver des forêts ; si on veut ne pas perdre le commerce maritime, il faut avoir une marine.

Par la troisième proposition, on réclame un secours de 600 millions de consolidé sur le grand livre de la dette publique, pour le seul service de 1817.

Le présent est à nous; l'avenir appartient à la postérité. Par ce principe de la nature et de la justice humaine, nous ne pouvons disposer de ce qui ne nous appartient pas, et ce serait le faire, que de constituer des rentes foncières, dont la génération actuelle n'amortirait pas le fonds capital. Depuis que le grand livre de la dette publique est ouvert, on a abusé du titre consolidé, d'une manière révoltante ; aussi à chaque émission a-t-il éprouvé un tel discrédit, qu'en 1817 il a perdu 45 pour 100, que ce discrédit augmentera tant qu'on fera de nouvelles émissions.

On a fait fond sur cette ressource pour assurer le service de 1817, 1818, 1819 et 1820, qui a été évalué par la Chambre des Députés à 1900 millions, sans calculer ce que le discrédit devait naturellement y ajouter.

C'est pour éviter que le Gouvernement fasse usage d'une ressource aussi pernicieuse, que, par un plan de finances que je me permis de soumettre en 1816 au Conseil d'état, à la Commission du budget, aux Chambres et à la nation entière, je proposais de faire usage de délégations sur la contribution directe, payables dans le cours de dix années, que les coupons fussent admissibles en paiement des contributions; qu'avec cette ressource qui était à la disposition du Gouvernement, on pouvait garantir le service extraordinaire du trésor royal, acquitter l'arriéré, mettre les finances au pair, sans augmentation d'impôts, sans l'aliénation des forêts, sans emprunts et sans papier-monnaie; que de plus, on n'ajouterait rien à la dette, puisque le remboursement de la ressource était assuré. Pénétré de l'utilité dont pouvaient être les délégations que je proposais pour le service des finances, et effrayé du résultat des ressources mises en usage pour le budget de 1817, au mois de mai dernier, dans une opinion que j'ai publiée sur l'atermoiement de la dette exigible et l'amortissement de la dette constituée, par un tableau comparatif des ressources accordées par le budjet de 1817, et de celles que pouvait procurer l'usage des délégations que j'avais proposées, je démontre une économie de plus de 1300 millions, en garantissant les finances de la perte à faire sur le discrédit du consolidé dont mon plan bannissait l'usage.

Préférer le consolidé aux délégations, c'est vouloir protéger et entretenir l'agiotage aux dépens de la nation entière et de la postérité, chargées des dépenses administratives de l'État.

A la dernière session on a donné une existence à la caisse d'amortissement, créée par l'usurpateur, et soumise aux mêmes réglemens qu'il lui avait donnés, dans l'intention d'amortir la dette de l'État. Par le même Mémoire j'observais que cette administration ne pouvait jamais réparer les pertes annuelles que l'on ferait sur le consolidé; que tous ses produits ne pouvaient se composer que par les pertes que les créanciers de l'État faisaient sur leurs titres; qu'un pareil établissement ne pouvait convenir à la dignité d'une nation comme la France, sous le règne d'un Roi légitime, à qui la bonne foi sert de conseil et de guide.

Sur les 600 millions de consolidé accordés pour le budget de 1817, on a perdu 45 pour 100, ce qui fait 270 millions. Comment veut-on que la caisse d'amortissement avec 40 millions de dot et les consignations, puisse obtenir le bénéfice d'une pareille perte ? La caisse d'amortissement est une plaie qui nous reste du règne de l'usurpateur, que nous devons nous attacher à guérir.

Par l'opinion que j'ai émise au mois de mai dernier, sur l'amortissement de la dette constituée, j'offre un établissement pour amortir la dette, plus dans l'intérêt du Gouvernement et des créanciers de l'État, plus analogues à la moralité des membres qui dirigent la caisse d'amortissement, et plus avantageux à la nation entière, puisque cette administration amortirait plus promptement et plus sûrement la dette de l'État.

Mon plan de finances propose de mettre en réserve pendant dix ans le tiers de la contribution directe, pour acquitter par dixième les délégations qui seraient confectionnées pour le service des finances; cette réserve présenterait un capital de 12 à 1300 millions à la disposition du Gouvernement, qui, sous tous les rapports, ne pourrait avoir les inconvéniens du consolidé.

1.º Les délégations devant convenir à tous les contribuables du Royaume, seraient recherchées par tous les propriétaires des départemens qui ont des contributions à payer : tous ceux qui auraient de l'argent à placer, donneraient avec d'autant plus de raison la préférence aux délégations, qu'ils sont intéressés au rétablissement des finances dont le désordre surcharge leurs contributions; que s'ils font l'avance de leur contribution, ils auraient l'intérêt progressif de leur placement de fonds, une tranquillité sur le paiement de leurs contributions et la plus grande certitude de leur remboursement. Ainsi les délégations auraient bien plus de concurrens que le consolidé, qui n'a de partisans que dans ceux qui font le métier d'agiotage, et veulent avoir un gros intérêt de leur argent.

2.º Ce titre présenterait plus de solidité et de sûreté aux titulaires, que le consolidé, puisque son remboursement s'effectuerait par dixième par la rentrée des coupons, dont le paiement, au lieu d'éprouver du retard, serait toujours anticipé, puisque le coupon qui ne serait payable qu'à la fin de décembre serait reçu pour comptant en paiement de contribution dans les premiers mois de l'année.

3.° Comme chaque année la masse de ce titre s'éteindrait par la rentrée des coupons, la nation entière serait assurée que les délégations ne laisseraient pas sur le passif de l'État une cumulation de créances comme le consolidé, dont les intérêts sont à sa charge; que ce secours employé pour le service extrordinaire des finances, s'acquitterait plus sûrement que le consolidé; que son intérêt ne lui coûterait pas autant que le consolidé, puisque les délégations ne seraient pas placées à 45 pour 100 de perte, ce qui nécessite des supplémens de contributions et d'impôts, ruineux pour l'agriculture et destructeurs pour le commerce et l'industrie.

4.° Le crédit des délégations assurerait celui du Gouvernement, et leur extinction le renouvellerait sans cesse; comme leur remboursement se ferait dans tous les départemens, par l'admission des coupons en paiement de la contribubution, leur placement serait plus facile et moins coûteux que le consolidé, puisqu'elles conviendraient à la quantité de propriétaires qui les habitent, qui réunit une plus grande masse de fortunes qu'il n'en existe dans la Capitale. Les propriétaires dans les départemens n'ont pas cet usage et cet esprit d'agiotage qui règne à Paris; l'achat des délégations serait de leur part un placement de fonds sur eux-mêmes, puisqu'ils se rembourseraient par leurs mains en payant leurs contributions : ce titre serait moins errant sur la place que le consolidé, car nombre de propriétaires riches les garderaient en porte-feuilles pour leur usage personnel et s'assurer de la sécurité sur le paiement de leurs contributions.

5.° Ce qui donnera un grand crédit aux délégations, et les rendra utiles et recherchées dans les départemens, c'est qu'étant admissibles en paiement de la contribution, tous les coupons de l'année seront de l'argent effectif sur tous les marchés des départemens, parce que la principale dépense de l'agriculture, est le paiement de ses contributions.

Bien convaincu de l'aisance avec laquelle le Gouvernement placerait les délégations dans les départemens, dans mon Opinion publiée au mois de mai dernier sur l'atermoiement de la dette exigible et l'amortissement de la dette constituée, j'observais qu'il aurait été politique que le Gouvernement eût essayé de faire usage des délégations pour le remboursement de la contribution de guerre imposée par l'ordonnance du 16 août 1815, qui, dans son esprit, devait être remboursée sur le paiement des contributions; ce réglement était dans l'ordre, puisqu'il avait été promis. Voilà ce que je prévoyais:

En remboursant aux créanciers de la contribution de guerre leur avance (puisque la contribution de guerre avait été réclamée sous ce titre) avec des délégations, dont le premier coupon aurait été remboursable fin de décembre 1817, ce remboursoment aurait été reçu avec reconnaissance : le premier coupon qui aurait été utilisé pour acquitter des contributions, aurait fait connaître l'utilité et toute la valeur des délégations; chacun en aurait désiré et recherché, et par toutes les demandes qui en auraient été faites dans les départemens, nombre de maisons de banque et de commission auraient fait des offres au Ministre des finances pour en placer à une commission qui n'aurait pas passé 3 pour 100, et ainsi moindre que le droit des faiseurs de service du trésor royal, sans exiger de perte sur le titre, comme c'est l'usage dans les émissions de consolidé; cette simple opération aurait offert au Ministre des finances une ressource plus certaine à présenter pour la composition du budget de 1818, qu'une réclamation de consolidé.

Le remboursement des délégations étant assigné sur la contribution directe, s'opérerait en majeure partie dans les départemens; elles y répandraient la plus grande aisance sous tous les rapports; les coupons étant admis en paiement des contributions, l'argent nécessaire pour les acquitter n'en sortirait pas : les délégations se composant de coupons payables à diverses époques, pouvant se diviser, seraient des valeurs représentatives dans la circulation, qui aideraient les échanges de toute nature, qui favoriseraient le mouvement du commerce, qui donneraient de l'activité à l'industrie, avantages que ne présentera jamais le consolidé. La prospérité de l'agriculture, du commerce et de l'industrie, favorisée par les délégations, augmenterait les revenus de l'État de plus de 200 millions, parce que les contributions de l'agriculteur, du négociant et du manufacturier, qui tous sont contribuables, sont en raison de leur fortune et de leurs revenus fonciers et industriels : cette prospérité assurerait l'existence de la classe laborieuse du peuple, la contiendrait, la rendrait soumise aux lois, attachée à son Roi, à son pays, et lui rendrait des mœurs que la révolution lui a fait perdre.

Les délégations ne feraient pas cacher l'argent et augmenter son intérêt comme le consolidé; les coupons étant admissibles en paiement de contributions, pouvant favoriser les échanges, on s'appercevrait moins du vide que doit faire dans la circulation le paiement de la contribution de guerre que la France s'est engagée de payer aux Puissances alliées.

Les délégations présenteront aux créanciers de l'État une garantie plus certaine sur leur remboursement que le consolidé, et au Gouvernement une ressource plus réelle pour la liquidation de la dette exigible.

Jamais le consolidé n'offrira les mêmes avantages, puisqu'il ne convient qu'à ces capitalistes parasites, qui se sont formé des fortunes colossales par l'agiotage et leurs combinaisons sur les malheurs et les besoins de l'État; qu'à ceux qui courent après la fortune et emploient leur crédit au jeu des effets publics. Les chances de l'agiotage ont fait éclorre autant de banqueroutes, que les jeux de la Capitale ont ruiné de familles.

Si les délégations peuvent contribuer à suspendre le règne de l'agiotage, c'est un motif puissant pour leur accorder la considération qu'elles méritent, et ouvrir la discussion sur leur usage et les ressources dont elles peuvent être pour les finances. Le moindre essai que l'on pourra en faire, ne peut compromettre; si la ressource réussit, elle serait sans cesse à la disposition du Gouvernement; elle ne présenterait jamais l'abîme dont menace le consolidé, puisque chaque émission en éloigne l'amortissement, tarit les ressources de l'État, et ruine la France entière soumise au paiement de son intérêt.

Je présenterai ici le tableau du résultat des délégations, si on veut en faire usage pour les budgets de 1818, 1819 et 1820.

TABLEAU

Du Réglement des Budgets de 1818, 1819 *et* 1820, *de la liquidation de l'arriéré, par l'intermédiaire des Délégations proposées par mon Plan de finances.*

Les objets à régler, sont :

L'arriéré que j'évalue.	480,000,000fr.
Le déficit de 1818, annoncé pour . .	261,000,000
Le déficit de 1819.	254,000,000
Le déficit de 1820.	274,000,000
	1,269,000,000

Frais de négociation compris dans ce Réglement :

Sur l'article 2	7,830,000fr.	
Sur l'art. 3	7,620,000	23,670,000
Sur l'art. 4	8,220,000	

TOTAL du Réglement en délégations. 1,292,670,000

L'arriéré réglé en trois termes, afin de ne pas diminuer

la recette de la contribution, sur laquelle il n'y a que le tiers d'affecté au remboursement des délégations.

——— ANNÉE 1818. ———

Délégations pour le déficit .	261,000,000f.	
Frais de négociation, 3 pour 100	7,830,000	428,830,000f.
Délégations pour l'arriéré .	160,000,000	
— I.er Coupon, fin décembre 1818. —		
Rentrée des coupons, fin décembre.		42,883,000
Reste dans la circulation au 1.er janvier 1819.		385,947,000

——— ANNÉE 1819. ———

Délégations pour le déficit .	254,000,000	
Frais de négociation . . .	7,620,000	421,620,000
Délégations pour l'arriéré .	160,000,000	
		807,567,000
— I.er Coupon, fin décembre 1819. —		
Rentrée des coupons 1818.	42,883,000	85,045,000
Idem de 1819	42,162,000	
Reste dans la circulation au 1.er janvier 1820.		722,522,000

——— ANNÉE 1820. ———

Délégations pour le déficit.	274,000,000	
Frais de négociation . . .	8,220,000	442,220,000
Délégations pour l'arriéré .	160,000,000	
		1,164,742,000

Ci contre . . . . . . 1,164,742,000 fr.

— I.er Coupon, fin décembre 1820. —

Coupons de 1818. . . .	42,883,000 f	129,267,000
Idem de 1819	42,162,000	
Idem de 1820.	44,222,000	

Reste dans la circulation au 1.er janvier 1821. . 1,035,475,000

ANNÉE 1821.

Rentrée de coupons comme en 1820. 129,267,000

Reste dans la circulation au 1.er janvier 1822. 906,208,000

ANNÉE 1822.

Rentrée de coupons comme en 1820. 129,267,000

Reste dans la circulation au 1.er janvier 1823. 776,941,000

ANNÉE 1823.

Rentrée de coupons. 129,267,000

Reste au 1.er janvier 1824. . . 647,674,000

ANNÉE 1824.

Rentrée de coupons. 129,267,000

Reste au 1.er janvier 1825. . . 518,407,000

ANNÉE 1825.

Rentrée de coupons. 129,267,000

Reste au 1.er janvier 1826 . . 387,141,000

Report	387,141,000 fr.
ANNÉE 1826.	
Rentrée de coupons.	129,267,000
Reste au 1.er janvier 1827. . .	257,873,000
ANNÉE 1827.	
Rentrée de coupons.	129,267,000
Reste au 1.er janvier 1828. . .	130,606,000
ANNÉE 1828.	
Rentrée de coupons de 1819 et 1820.	86,384,000
Reste au 1.er janvier 1829 . . .	44,222,000
ANNÉE 1829.	
Rentrée de coupons de 1820 . . .	44,222,000
Au 1.er janvier 1830 toutes les délégations seront rentrées.	00,000,000

Il est à observer que les deux premières années le tiers des contributions destiné au remboursement des délégations, ne sera pas employé; et dans les suivantes, la rentrée des coupons ne surpassera pas le tiers de la contribution. En second lieu, si on adopte le réglement hypothécaire que j'ai proposé, il acquittera beaucoup de coupons.

Telle est la différence, si on adopte le système de 1817, ayant recours au consolidé.

Le déficit de 1818 sera, selon ce qui a été annoncé à la

Chambre des Députés au mois de novembre 1816, de la somme de 261,000,000 fr.

Le consolidé qu'il faudra pour en faire les fonds, ne se placera qu'à 50 pour 100, 5 pour 100 au-dessous de 1817, ce qui exigera . . . . 522,000,000 fr.

Le déficit de 1819 sera de deux cent cinquante-quatre millions, il faudra émettre du consolidé, qui se placera à 5 pour 100 de moins qu'en 1818, ce qui exigera . . 564,000,000

Le déficit de 1820 sera de deux cent soixante-quatorze millions, le consolidé, à 5 pour 100 au-dessous de 1819, en exigera pour 685,000,000

1,771,000,000

A régler l'arriéré, selon l'arrêté de la Chambre, en 1821. 480,000,000

2,251,000,000

Au 1.er janvier 1821, d'après le tableau qui règle les budgets de 1818, 1819 et 1820, la dette de l'État ne présenterait qu'une somme de 1,035,475,000

Ce qui fait une différence de 1,216,525,000

2,251,000,000

A quoi il faut ajouter la conservation des forêts.

RESUMÉ DE CE RÉGLEMENT.

PAR l'emploi des délégations que je propose pour le service extraordinaire des finances et le réglement de l'arriéré, le sort des budgets de 1818, 1819 et 1820, serait assuré; la masse des délégations employées pour le tout, ne présenterait pas, en 1820, 1,200 millions; au 1.er janvier 1821 il n'en existerait dans la circulation que 1,035 millions, et en 1830 la totalité des délégations serait rentrée; de sorte que le rétablissement des finances se serait opéré sans augmentation d'impôts, sans l'aliénation des forêts, sans emprunts, sans papier-monnaie : les délégations répandues dans la circulation auraient favorisé l'agriculture, le commerce et l'industrie, avantage qui ne résultera jamais du consolidé.

Si mes propositions ont pour motif le rétablissement des finances, sans aucun sacrifice de la part du Gouvernement et des contribuables, elles doivent captiver l'attention de la nation entière, et ne peuvent être rejettées que par les agioteurs qui ont des bénéfices si énormes sur les opérations du consolidé, ou par ces êtres turbulens qui sans cesse rêvent à une réaction, et fondent leur espérance sur le désordre qui suit l'embarras des finances.

RÉPONSE

A toutes les Objections et Observations faites sur les Délégations.

TOUT nouveau plan ou projet est sujet à la censure des uns, ou les principes sont partagés par d'autres : c'est de ce conflit d'opinions, que l'on tire parti d'une nouvelle idée; si elle n'est pas adoptée en totalité, elle en fait germer, et on obtient un résultat heureux. Possédant bien le sujet de mon Plan de finances, j'ai toujours recherché les objections ou les rejets, afin de les combattre, ou suspendre dans mon imagination une illusion, lorsque je serai convaincu que mes propositions ne sont pas exécutables.

On a dit : 1.° que les délégations que je proposais par mon Plan de finances, devaient être considérées comme un véritable papier-monnaie sous une forme déguisée;

2.° Que personne n'en voudrait;

3.° Que le Gouvernement trouverait, dans l'usage des délégations, un moyen nouveau de faire des emprunts.

Réponse à la I.ère Objection.

Le papier-monnaie ne présente aucune époque de remboursement; il annonce une valeur quelconque qui est reçue pour comptant dans les caisses publiques et particulières.

Les délégations seraient remboursables par fraction avec intérêt de leur capital, (intérêt que le papier-monnaie ne produit pas); le coupon de chaque délégation serait de l'argent à recevoir à la fin de chaque année, dont on jouirait au commencement, pouvant le placer dans le paiement des contributions. Les coupons ne pourraient éprouver de retard sur le remboursement, puisqu'il n'y aurait que le tiers de la recette des contributions affecté à leur liquidation; par conséquent il n'y aurait aucun danger pour craindre la suspension de leur remboursement : on ne peut donc appeler les délégations papier-monnaie.

Le papier-monnaie est la ressource dont un Gouvernement fait usage lorsqu'il manque de numéraire ; pour lui donner une consistance, il lui concède force de loi dans les paiemens que les particuliers ont à se faire entre eux. Une pareille monnaie fait disparaître l'argent, en élève le prix, et porte augmentation sur le prix de toutes choses. Le Gouvernement qui n'a que cette valeur à présenter, ressent de plus grands besoins, a recours à de nouvelles émissions, qui successivement éteignent la valeur de cette monnaie.

Le systême que l'on a adopté de faire usage de consolidé pour les besoins du Gouvernement, est dans la même catégorie que le papier-monnaie, puisqu'il est employé pour les dépenses de l'Etat, qui augmentent dans la proportion de la perte que l'on éprouve sur ce titre; et en continuant à y avoir recours pour les besoins du Gouvernement, par les émissions successives que l'on fera, on éteindra la valeur de ce titre.

Quand un particulier qui a des besoins met sur la place des billets à ordre ou au porteur, il compromet sa fortune, puisqu'il ajoute à ses dettes, plutôt que de les diminuer; son crédit s'affaiblit, il perd davantage sur l'intérêt de l'argent : cette ressource est aussi dangereuse pour lui, que le papier-monnaie pour un Gouvernement; aussi on peut remarquer que presque toujours ceux qui ont recours à cette ressource, finissent par une banqueroute.

Un homme sage et prudent ne met pas de billets à ordre sur la place, il évite même de contracter des obligations hypothécaires; s'il a des créances à régler, il a recours à ses moyens personnels et à ses économies pour s'acquitter.

Quand il a des fermiers, en comptant ce dont il pourra disposer pendant quelques années sur ses fermages, il fait des délégations sur eux; ce qui n'est pas faire des billets à ordre, (*du papier monnaie*); ce qui n'est pas contracter des obligations hypothécaires, (*du consolidé*) : il s'acquittera ainsi, à la satisfaction de ses créanciers, en conservant son crédit intact.

Les délégations que je propose sont de même nature que celles qu'un propriétaire donne sur ses fermiers. Le Roi déléguerait sur les contribuables, qui chaque année sont ses débiteurs; comme ce propriétaire, il acquitterait avec des valeurs réelles la dette de l'État, sans agiotage, sans frais, sans ajouter au passif de la nation : la majeure partie des propriétaires rechercherait avec autant d'empressement et de confiance les délégations, qu'un fermier recherchera les délégations que son propriétaire a assignées sur ses fermages, puisqu'il se paye par ses mains.

Par cette opération, le Gouvernement s'assurerait un crédit qui sans cesse augmenterait par l'extinction de sa dette et par les ressources que présente la constitution de la France.

Si les délégations peuvent assurer le service des finances, sans augmentation d'impôts, sans l'aliénation des forêts, sans ajouter au passif de l'État, c'est un motif pour prendre en considération le résultat du réglement que présente le tableau ci-dessus. Le compte qu'il offre n'est pas un systême illusoire, un problême à résoudre : les calculs sont justes, ou non; et les probabilités sont en raison de la masse des contribuables empressés de seconder le Gouvernement pour le rétablissement des finances, dont les besoins forcent à avoir recours à des supplémens d'impôts qui sont pour eux vexatoires et accablans.

Réponse à la 2.e Objection.

On a dit que personne n'en voudra.

Si les délégations n'étaient remboursables qu'à Paris, il est certain qu'on ne les placerait qu'avec perte, par l'usage adopté dans la Capitale d'agioter sur tous les effets du Gouvernement; mais dans les départemens, où l'on n'est pas dans l'usage d'agioter, elles seraient reçues avec d'autant plus de confiance, qu'elles devraient y être remboursées. Et à cet égard, j'ai observé ci-dessus que nombre de maisons de commerce et de banque des départemens seraient empressées d'en faire les fonds à 2 ou 3 pour 100 de commission, ce qui serait moins onéreux, que de perdre 45 à 50 pour 100 sur le consolidé; d'ailleurs, sur la masse des délégations employées pour le réglement ci-dessus, on doit remarquer qu'il y a *cinq cents millions* destinés pour l'arriéré, dont le placement n'exigera aucuns frais, et qu'elles seront reçues par ces créanciers avec empressement et reconnaissance. Il reste donc 7 à 800 millions à placer; c'est une somme! mais à trouver dans l'espace de trois ans : peut-on douter du placement de cette somme, lorsque pour le service de 1817, on en a réclamé une pareille pour le déficit de cette année seule.

Réponse à la 3.e Objection.

On a dit que le Gouvernement, par l'usage des délégations, trouverait un moyen nouveau de faire des emprunts.

Déléguer sur une recette pour acquitter une dette, n'est pas faire un emprunt; tout au contraire : c'est assurer son remboursement et le fixer sur une recette certaine (les contributions). Faire des émissions de consolidé que l'on place à 45 pour 100 de perte, c'est bien véritablement ajouter à la dette 45 pour 100, montant de la perte, et manger un capital dont on charge la postérité de l'intérêt.

Les délégations ne seraient donc pas des emprunts, puisqu'elles serviraient à liquider; en les plaçant pour avoir l'argent que l'on a à percevoir sur les contributions futures, c'est disposer d'un propre personnel, et non de celui de la postérité, comme le consolidé. Comme le Gouvernement n'émettrait de délégations qu'avec le concours des Chambres, on aurait par le tableau progressif des émissions, le passif de la dette de l'État, qui se composerait des coupons à rentrer sur les émissions.

Quand on fait des émissions de consolidé, on fait réellement un emprunt, et on est tranquille tant que l'on peut en payer l'intérêt; on est tranquille sur la marche administrative, tant que l'on peut placer du consolidé pour combler le déficit des intérêts du consolidé, et successivement le consolidé tombera par l'abus qu'on aura fait de cette ressource.

Malheureusement les gens en place ne songent qu'au moment présent; c'est dans la nature, parce qu'un Ministre a trop d'embarras pour s'occuper de l'avenir, et fait tout ce qu'il peut pour que la machine marche. Aussi ai-je entendu dire à des hommes honnêtes et en place : « La machine » marche et marchera encore long-temps; ceux qui nous

» succéderont, feront comme ils l'entendront. » Nous en avons encorre un exemple frappant, lorsque M. Fox observa à M. Pitt, au sujet d'un plan de finances qu'il avait fait adopter par la Chambres des Communes : « Tout cela est » bel et bon, mais vous allez ruiner l'Angleterre. » M. Pitt lui répondit : « Cela se peut, mais ni vous ni moi ne vivrons » jusques-là. »

La proposition des délégations n'est donc pas donner ouverture à des emprunts; c'est assurer le remboursement des emprunts que l'on pourra faire : la rentrée des coupons sera un avertissement pour n'en pas abuser, un moyen d'assurer un crédit au Gouvernement, et avoir dans les départemens des capitalistes moins exigeans que ceux de la Capitale, qui sont en moins grand nombre.

En faisant emprunt sur du consolidé, du moment qu'il se place à perte, on traite avec des agioteurs; en faisant une émission de délégations, le Gouvernement traite directement avec des prêteurs avec lesquels il est en correspondance de recette et dépense.

SUR L'AMORTISSEMENT DE LA DETTE.

SECONDE PARTIE.

UN Gouvernement, d'après les lois humaines et de la justice, ne peut constituer de rentes foncières, sans assigner un actif libre et disponible qui puisse garantir le service de la rente : sans cela, c'est disposer des revenus de la postérité; sans cela, c'est compromettre l'actif des prêteurs; car la postérité qui aura tout autant d'esprit que nous, pour l'administration de ses finances, qui aura sous les yeux les erreurs financières qui ont grossi notre dette au taux où elle est, ne se soumettra pas à continuer le paiement de l'intérêt de cette dette connue sous le nom de *consolidé*, dont une faible partie représente les débris de la fortune des victimes de notre funeste révolution, mais dont l'autre présente les dilapidations de l'usurpateur, ou les secours accordés sous le règne de Louis XVIII, dont on a exigé un intérêt usuraire, puisque le consolidé a été placé à une perte de 45 à 50 pour 100.

Il est des circonstances impératives où un Gouvernement est forcé d'avoir recours à des emprunts; il doit dans l'intérêt de son crédit, et pour l'intérêt de ses prêteurs, en assigner le remboursement, et le service de l'intérêt, sur une partie libre. De tous les emprunts faits sous le règne de Louis XIV et une partie de celui de Louis XV, de quelle valeur étaient, en 1789, les constitutions de rentes faites sous ces deux règnes.

Jamais un Gouvernement éclairé et franc ne doit constituer de rentes foncières, à moins que les capitaux ne soient employés à la confection d'un actif mobilier qui puisse assurer à la postérité des prêteurs leur garantie, et au Gouvernement futur une recette suffisante pour payer l'intérêt de la dette. Les seules rentes licites dont un Gouvernement puisse faire usage, sont les rentes viagères, parce qu'il en paye la majeure partie par lui-même, et que la postérité n'aura pas l'impolitique de les attaquer ; puisque c'est une ressource des Gouvernemens, et que les rentes viagères s'amortissent tous les jours.

Si on veut franchement amortir la dette, *à l'avantage du Gouvernement, de son crédit, des créanciers de l'État, dans l'intérêt de l'industrie, de la population et de la postérité*, il n'y a d'autre moyen que de la constituer en viager.

A l'avantage du Gouvernement et de son crédit, parce qu'il est dans la position de s'acquitter par des constitutions de rentes viagères, ce que je cherche à démontrer ; puisque par les extinctions journalières, le crédit du Gouvernement trouve des ressources dont il peut faire usage dans des momens difficiles, et c'est une réserve précieuse, qui n'est pas à charge.

Faire usage de consolidé pour les besoins de l'État ! on

ne peut rendre de service, que par les pertes les plus révoltantes que l'on fera sur ce titre, qui en devenant nul par l'abus qu'on fera, enlèvera au Gouvernement toute ressource, tout crédit, et le mettra dans la position la plus pénible.

Dans l'intérêt de l'industrie : les rentes viagères sont favorables au commerce et à l'industrie, puisqu'elles augmentent les revenus des consommateurs; le titre viager ne sert pas d'aliment à l'agiotage, comme le titre consolidé, qui occupe tout le numéraire à ce jeu honteux, et déprave les mœurs au point que les capitalistes par cupidité se livrent aux spéculations les plus infâmes, en spéculant jusques sur l'existence du peuple par leurs accaparemens de blé.

Dans l'avantage des créanciers de l'État, parce qu'ils auraient une garantie plus certaine dans des contrats viagers, que dans le titre d'une rente foncière (le consolidé). L'expérience du sort qu'éprouvent les rentes foncières, doit convaincre les créanciers de l'État, de celui qui les attend, et leur prouver que leurs rentes ne peuvent être éternelles, car dans les discussions les absens ont toujours tort : leur réduction successive est même indispensable; sans cela, par un laps de temps, les rentes foncières absorberaient les moyens d'existence du Gouvernement. Nous avons sous les yeux l'exemple que, sous le règne de Louis XV, l'abbé Terrai d'un trait de plume réduisit à moitié toutes les rentes foncières constituées jusqu'à une époque peu éloignée de la date de l'ordonnance : s'il eût pu soumettre à la même réduction les rentes viagères, il l'eût fait; ce qu'il fit à leur égard, fut de suspendre la cumulation des rentes tontines. Toujours on respecte les rentes viagères, puisque c'est une ressource personnelle d'un Gouvernement, que la dette de l'État s'amortit tous les jours par les extinctions.

Par l'usage du consolidé, que l'on place à 50 pour 100 de perte, on paye une rente foncière le même prix qu'une rente viagère.

Les rentes foncières sont onéreuses à la population et aux contribuables, puisque la cumulation de la rente due par le Gouvernement exige de leur part des paiemens de contributions et d'impôts onéreux sur lesquels ils ne peuvent espérer d'allégement, ce qui doit peu rassurer les créanciers du consolidé; car si des réductions sont réclamées, ce sera l'intérêt usuraire que payera le Gouvernement : dans cette réclamation figureront mille contribuables contre un créancier de l'État.

Dans la position actuelle des finances, le Gouvernement ne peut avoir de ressource que dans le réglement de sa dette par des constitutions viagères qui l'amortiront, garantiront le titre des créanciers de l'État, donneront de l'activité à l'industrie, et seront même favorables aux spéculateurs de consolidé, qui retireront 16 pour 100 de leur argent, ayant acheté le consolidé à 50 pour 100 de perte.

En faisant une pareille proposition, on trouvera une inconséquence de proposer le doublement de l'intérêt de la dette; mais, depuis plus de deux ans que j'ai assujetti mes méditations et mes réflexions sur le rétablissement des finances, j'ai été assez heureux pour trouver dans le plan de finances que j'ai présenté au Conseil d'État, aux Chambres, et au public, des moyens d'assurer le service du trésor royal, même d'arrêter dans cette session la composition des budgets de 1818, 1819 et 1820, sans ajouter rien à la dette, sans surcharge sur les contributions et les impôts, sans aucune aliénation des domaines de la couronne, et principalement en renonçant à la ressource du consolidé. J'établirai ici le tableau des opérations de la caisse d'amortissement, afin de prouver que, sans rien ajouter aux 5 pour 100 de l'intérêt primitif du titre consolidé, on peut le régler et l'amortir, sans augmenter la dépense du Gouvernement; que cette administration deviendra un des plus fermes appuis des finances, et même le *palladium* de nombre de fortunes particulières. Ci-après le réglement de cet établissement.

RÉGLEMENT.

Administration de la Caisse d'amortissement, chargée de la liquidation de la dette constituée en constitutions de rentes viagères.

ART. 1.er La caisse d'amortissement est autorisée à ouvrir un emprunt d'un milliard, sous les conditions suivantes:

A 10 pour 100 sur une tête,

A 9 pour 100 sur deux têtes,

A 8 pour 100 sur trois têtes.

ART. 2. Lesdites rentes ne seront délivrées que contre du numéraire, qui sera employé par ladite caisse en achats de consolidé, pour lui assurer le service de ses rentes.

Art. 3. Comme le but de cet établissement est de retirer de la circulation le consolidé qui y existe, les créances consolidées y seront reçues au taux de 80 fr. le 100, quoique ce titre soit à un prix inférieur sur la place.

Observation. Cette faculté soutiendra le prix du consolidé sur la place, par l'avantage que l'on aura d'avoir pour 6600 fr. une somme de 10,000 fr. en consolidé, qui, produisant en viager 800 fr. de rentes, rendra au titulaire 12 pour 100 de son placement.

Art. 4. Lesdistes rentes seront payées par semestre dans le département indiqué par le constituant.

Art. 5. La caisse d'amortissement aura un compte ouvert avec le trésor royal pour le dépôt de consolidé qu'elle y fera, dont l'intérêt sera destiné au service des rentes viagères, et afin de stipuler les départemens où la caisse aura des paiemens à faire.

Art. 6. Le trésor royal avancera pendant dix ans à la caisse d'amortissement les fonds nécessaires pour le service de ses rentes, qui lui seront remboursés en titres consolidés au cours de 75 pour 100.

Art. 7. Toutes les constitutions de rentes, expédiées par la caisse d'amortissement, seront légalisées par les agens du trésor royal et enregistrées sur un registre *ad hoc*, ce qui sera une garantie pour les constituans.

Art. 8. La caisse d'amortissement dressera l'état des extinctions de chaque semestre, qui sera remis au Ministre des finances, ainsi que celui de toutes les constitutions viagères qu'elle expédiera.

TABLEAU

Du service des Rentes viagères par la Caisse d'amortissement,

Jusqu'à la 11.ème extinction.

La première création de rentes sera d'un milliard, que la caisse prendra au prix de 80 francs le 100, et s'engagera à une rente de	POSITION DE LA CAISSE ET SES BESOINS.	RENTES à payer PAR LA CAISSE.	DÉPÔT DE CONSOLIDÉ au Trésor royal PAR LA CAISSE.	RENTES SUR LE CONSOLIDÉ appartenant A LA CAISSE.
	fr.	fr.	fr.	fr.
	. . . .	80,000,000	1,000,000,000	50,000,000
La caisse n'ayant que .	50,000,000			
L'avance sera de . .	30,000,000			
1.ere Extinction. . .	. . . .	3,200,000	40,000,000	2,000,000
	Reste. .	76,800,000		52,000,000
Placement de l'extinction.	. . . .	2,000,000		
		78,800,000		
La caisse n'ayant que .	52,000,000			
L'avance sera de . .	26,800,000			
2.e Extinction . . .	. . . .	3,152,000	39,400,000	1,970,000
	Reste. .	75,648,000		53,970,000
Placement de l'extinction.	. . . .	1,970,000		
		77,618,000		
La caisse n'ayant que.	53,970,000			
L'avance sera de. .	23,648,000			
3.e Extinction . . .	. . . .	3,104,000	38,850,000	1,941,500
	Reste. .	74,514,000	1,118,250,000	55,911,500

	fr.	fr.	fr.	fr.
Suite de l'autre part.	. . . .	74,514,000	1,118,250,000	55,911,500
Placement de l'extinction.	. . . .	1,941,500		
		76,455,500		
La caisse n'ayant que.	55,911,500			
L'avance sera de . .	20,544,000			
4.e Extinction . . .	. . . .	3,058,260	38,228,250	1,911,410
	Reste. .	73,397,240		57,822,910
Placement de l'extinction.	. . . .	1,911,410		
		75,308,650		
La caisse n'ayant que.	57,822,910			
L'avance sera de . .	17,485,740			
5.e Extinction . . .	. . . .	3,010,770	37,634,620	1,881,770
	Reste. .	72,297,880		59,704,680
Placement de l'extinction.	. . . .	1,881,770		
		74,169,650		
La caisse n'ayant que.	59,704,680			
L'avance sera de . .	14,474,970			
6.e Extinction . . .	. . . .	2,967,610	37,095,120	1,854,560
	Reste. .	71,212,040		61,559,240
Placement de l'extinction.	. . . .	1,854,560		
		73,066,600		
La caisse n'ayant que.	61,559,240			
L'avance sera de . .	11,507,360			
7.e Extinction . . .	. . . .	2,923,090	36,603,850	1,830,190
	Reste. .	70,143,510	1,267,711,870	63,389,430

	fr.	fr.	fr.	fr.
Suite de l'autre part.	. . . .	70,143,510	1,267,711,870	63,389,430
Placement de l'extinction	. . . .	1,830,190		
		71,973,700		
La caisse n'ayant que.	63,389,430			
L'avance sera de . .	8,584,270			
8.e Extinction . . .	. . . .	2,879,370	35,992,120	1,799,600
	Reste. .	69,094,330		65,189,130
Placement de l'extinction.	. . . .	1,799,600		
		70,893,930		
La caisse n'ayant que.	65,189,030			
L'avance sera de . .	5,704,900			
9.e Extinction . . .	. . . .	2,836,080	35,451,100	1,772,550
	Reste. .	68,057,850		66,961,580
Placement de l'extinction.	. . . .	1,772,550		
		69,830,400		
La caisse n'ayant que.	66,961,580			
L'avance sera de . .	2,868,820			
10.e Extinction . . .	. . . .	2,793,640	34,920,500	1,746,250
	Reste. .	67,036,760		68,707,830
Placement de l'extinction.	. . . .	1,746,250		
		68,783,010		
La caisse n'ayant que.	68,707,830			
L'avance sera de . .	75,180			
11.e Extinction . . .	. . . .	2,756,900	34,351,750	1,717,030
	Reste. .	66,026,110	1,408,520,310	70,424,860

RÉSUMÉ.

La caisse ayant un revenu de	70,424,860 fr.
Et à payer en rentes	66,026,110
Aura en bénéfice.	4,398,750

TABLEAU

Du service de la Caisse d'amortissement,

Pendant les 11 années que le Trésor royal lui avancera du numéraire pour le paiement de ses rentes.

EXTINCTIONS.	RENTES qui ont été éteintes.	AVANCES qui ont été faites.	CONSOLIDÉ entré pour rentes.
	fr.	fr.	fr.
1.re Extinction	3,200,000	30,000,000	40,000,000
2.e Extinction.	3,152,000	26,800,000	39,400,000
3.e Extinction	3,104,000	23,648,000	38,850,000
4.e Extinction.	3,058,260	20,544,000	38,228,250
5.e Exiinction.	3,010,770	17,495,740	37,634,620
6.e Extinction.	2,967,610	14,471,970	37,095,120
7.e Extinction.	2,923,090	11,507,360	36,603,850
8.e Extinction.	2,879,370	8,584,270	35,992,120
9.e Extinction.	2,836,080	5,704,900	35,451,100
10.e Extinction.	2,793,640	2,868,820	34,920,500
11.e Extinction.	2,756,900	75,180	34,361,750
	32,681,720	161,700,240	408,537,310

	fr.
On voit que les avances faites à la caisse, sont de	161,700,240
Et que, remboursement fait de cette somme, elle bénéficie de	246,837,070
Par la rentrée du consolidé en nouvelles rentes montant à	408,537,310

32,681,720 fr. de rentes à 10 pour 100 ne devraient donner que 326,817,200 fr.; mais, comme le consolidé ne serait pris qu'à 80 fr., cela fait la différence.

Les extinctions ont pour base 1 sur 25 têtes : ce qui prouvera que cette évaluation est juste, c'est *la Table des Extinctions*, annexée à ce Mémoire, où l'on verra que, dans 25 ans, il restera 40 millions de rentes de cette création, et que dans 80 ans il restera encore plus de 4 millions de rentes à payer par la caisse.

RÉFLEXIONS
SUR LA DETTE CONSTITUÉE.

ON ne peut rétablir les finances, sans s'occuper essentiellement de l'amortissement des rentes perpétuelles dont le Gouvernement est grevé, et sans renoncer au système ruineux de faire usage du consolidé, ce qui ajoute à la dette de l'État avec une rapidité effrayante, ce qui nuit à son crédit, ce qui absorbe le revenu des finances.

Un particulier peut bien constituer des rentes perpétuelles; par cette opération il aliène l'immeuble qui leur sert d'hypothèque, et en est pour ainsi dire le fermier, jusqu'à ce qu'il les ait amorties. Mais un Gouvernement ne peut, ni de fait, ni de droit, créer des rentes perpétuelles, puisqu'il ne peut donner d'hypothèques, car il n'est qu'usufruitier de l'État qu'il administre, dont les domaines sont inaliénables, ainsi que leurs revenus, par les chartes et les lois de tous les siècles; les rentes qu'il peut établir lui sont personnelles, et n'engagent pas la postérité dont les revenus sont inaliénables comme les domaines de la couronne. Si les Rois ont toujours été regardés mineurs, le motif a été de rendre leurs aliénations nulles, d'assurer à la postérité le droit de rentrer dans les domaines engagés et ses revenus, ainsi que de ne pas reconnaître les rentes perpétuelles, et de renoncer à tous les engagemens onéreux qui auraient pu être contractés.

La rente perpétuelle à régler (*le consolidé*) présente donc aux titulaires qui les possèdent un sort d'autant plus sinistre, que la postérité aura à observer que l'usurpateur a fait abus de ce titre, et qu'à la suite de la funeste réaction du mois de mars 1815 le Gouvernement s'est vu forcé de le placer à 40 ou 45 pour 100 de perte.

On dit que le Roi, par sa charte, et la nation actuelle, par sa déclaration authentique, ont mis la dette sous leur protection; le Roi, comme je l'ai dit, est mineur; la nation actuelle n'est pas la postérité, qui, en réclamant l'annulation des rentes perpétuelles, opposera des chartes qui ont duré plusieurs siècles, et demandera l'exécution des lois sur les aliénations. Dans cette discussion dix mille contribuables réclameront contre un créancier.

Si les rentes perpétuelles sont menacées d'un pareil sort, il est de la délicatesse du Gouvernement et de l'intérêt des créanciers de l'État, que l'on s'occupe de l'amortissement du consolidé, véritable titre des rentes perpétuelles, que le Gouvernement existant ne pourra jamais amortir en numéraire.

Depuis près de trois ans, je réfléchis et médite les moyens qui sont à la disposition du Gouvernement pour amortir la dette énorme qui dévore ses finances, dont les besoins augmentent la plaie qui est à cicatriser. Dans le commencement de ce Mémoire, j'ai indiqué les délégations pour arrêter l'extension du mal ; par ce chapitre-ci je proposerai le réglement de la rente perpétuelle en contrats viagers, qui seront analogues aux moyens à la disposition du Gouvernement qui peut disposer de ses jouissances, mais qui n'a pas le droit d'aliéner les domaines et les revenus de la postérité. Des contrats viagers offrent cette sûreté, c'est que le Gouvernement qui les constituera, en paiera la majeure partie des arrérages par lui-même, et que la postérité ne serait chargée que d'un reliquat insignifiant, qui sera respectable pour elle, puisque les ressources qu'un Gouvernement retire des constitutions viagères sont un actif à la disposition du Gouvernement qui existe.

Si le réglement du consolidé en contrats viagers est avantageux aux créanciers de l'État, le service des rentes viagères ne sera pas onéreux au Gouvernement, quoique la rente qu'il aura à payer soit plus forte que celle qu'il paye en ce moment; c'est pour le prouver, que je joins à ce Mémoire des tableaux de l'administration des rentes viagères. Le premier établit le service des rentes jusqu'à l'époque où l'administration aura en produits personnels la somme suffisante pour payer la rente sans secours; par le second, je présente l'état des avances à faire dans le cours de 11 ans pour le service d'une somme d'un milliard réglé en viager, lesquelles présentent une somme de 161 millions, mais aussi l'administration, par les extinctions, aurait augmenté son actif de 408 millions, ce qui offre un bénéfice net de 246 millions.

Une difficulté se présentera, c'est de faire les fonds pour les avances à faire à l'administration ; c'est le cas de faire usage avec sécurité des délégations que j'ai proposées pour le service des finances, puisque si le Gouvernement reçoit en moins sur la recette de cette partie, ce moins sera compensé par les bénéfices de l'administration.

Si ce mode d'amortissement était jugé favorable, il pourrait être mis à exécution le lendemain de son adoption, puisqu'on pourrait en charger la caisse d'amortissement dont les membres forment une réunion de citoyens probes, intelligens, éclairés et zélés pour l'amortissement de la dette. On suspendrait ainsi un établissement très-illusoire, et peut-être onéreux à l'État; car, pour lui payer une dot de 40 millions, le Ministère vend à perte sur la place des rentes pour former la somme que la caisse emploie en achats de consolidé ou de rentes; ce qui fait un double emploi sur lequel l'agiotage exerce tous ses talens. On a mis à la disposition de cette caisse l'aliénation des forêts de la couronne; nul doute que, sur la vente des bois, il n'y ait des sacrifices analogues à ceux faits par le Ministère sur les rentes : de sorte que, sans profits, on privera la France de ses forêts; leur vide sera long à réparer; on ruinera les propriétaires de bois par la dépréciation momentanée qu'éprouvera ce combustible de première nécessité, et on aura à se reprocher l'injustice d'avoir enfreint les lois sur l'inaliénabilité des domaines de la couronne, et d'avoir privé la postérité d'un actif forestier que nos aïeux avaient respecté avec le sentiment patriarchal qui les guidait.

Par le système adopté d'avoir recours au consolidé pour satisfaire aux besoins des finances, peut-on espérer que la caisse d'amortissement puisse aller au secours de la dette par ses opérations? Tous les bénéfices qu'elle pourrait faire pendant 20 ans, ne produiront pas la somme de 270 millions que l'on a perdue sur les 600 millions de consolidé eccordés pour le service de 1817.

L'administration que je propose pour cette caisse, lui donnerait le privilège de prendre le titre réel *d'amortissement;* les frais de son administration ne coûteraient rien au Gouvernement, puisque les constituans devront naturellement payer les frais d'expédition de leurs contrats : il sera de la justice de régler ce qu'ils doivent être, afin qu'ils ne soient pas onéreux aux constituans.

J'essaierai encore de prouver que le réglement du consolidé

sera tout dans l'intérêt des créanciers, comme du Gouvernement, puisque le Gouvernement convertirait en viager les 5 pour 100 qu'il paie de sa dette consolidée ou perpétuelle.

Considérons le sort des créanciers qui sont de trois classes :

Les créanciers de l'ancien Gouvernement,

Les créanciers du règne de l'usurpateur,

Les créanciers qui ont placé leurs capitaux en consolidé depuis le retour du Roi.

Les créanciers de l'ancien Gouvernement sont de véritables victimes de notre funeste révolution, puisqu'on a réduit au tiers de leur valeur le titre de leur créance : cette réduction subite les a ruinés ; les émissions successives qui ont été faites, en ont encore diminué la valeur ; ce titre doit naturellement éprouver des réductions successives, car il est difficile de prouver que sous aucun Gouvernement les rentes perpétuelles aient été payées pendant 50 ans, sans en éprouver.

Le réglement de leurs titres en viager leur garantirait 50 pour 100, pour céder sur une tête la jouissance viagère de leur rente, somme qu'ils placeraient en immeubles ou autrement, et ils auraient pour seconde chance la réversibilité de la rente sur la tête de leurs femmes ou de leurs enfans ; ce qui serait un avantage que présenterait la caisse d'amortissement, en constituant le viager sur une, deux et trois têtes.

Le créancier du règne de l'usurpateur aura les mêmes ressources dans l'emploi de son consolidé ; comme il a pris ce titre au cours de la place, qui, sous le règne de l'usurpateur, perdait 25 à 30 pour 100, au lieu de perdre sur son capital, il rentrerait dans l'intégrité de sa somme avec bénéfice par les avantages de la reversibilité.

Les créanciers qui ont placé leurs capitaux en consolidé depuis le retour du Roi, sont en grande partie des banquiers et capitalistes, qui ont prévu de l'avantage d'acheter ce titre à 40 et 45 pour 100 de perte. Le réglement proposé peut leur offrir des opérations de banque et de négociations, avantageuses à leurs intérêts et à la rentrée de leurs capitaux, puisqu'ils pourront vendre des jouissances viagères aux uns et des reversibilités à d'autres.

Du moment qu'on aura adopté le système d'amortissemens que je propose, on verra par l'assentiment général du public, que cet établissement lui convient; le nombre des aspirans sera incalculable; les uns y placeront leur fortune, parce qu'elle est insuffisante à leurs besoins; nombre de pères de famille rechercheront des reversibilités; en un mot, l'empressement du public prouvera l'efficacité de cette administration qui amortira réellement la dette.

Dans toutes les créations de rentes viagères que l'ancien Gouvernement ouvrait, il a été remarqué que l'étranger était empressé d'y souscrire; ce placement de sa part nous dépouillerait moins de notre numéraire, que ses placemens en consolidé, puisqu'il y aurait les extinctions qui produiraient et acquitteraient.

RÉSUMÉ GÉNÉRAL.

A Dieu ne plaise qu'en émettant mon opinion sur les finances, on puisse croire que j'aie eu l'intention de faire la critique du budget de 1817, et de présenter des projets nouveaux ! J'ai toujours craint que les circonstances ne forçassent la mesure que l'on a adoptée pour ce budget; c'est sous ce rapport que j'ai étudié les ressources personnelles que la France avait à sa disposition pour obtenir le rétablissement de ses finances, sans les sacrifices affligeans et décourageans auxquels on a été obligé de se soumettre.

N'ayant aucune ambition, ne réclamant ni places, ni graces, ni faveurs, mon imagination a été exclusivement occupée des intérêts de la France, et à étudier les ressources dont elle pouvait faire usage pour assurer le sort de ses finances, sans sacrifices, sans surcharger les contributions et les impôts, sans aliéner les forêts de la couronne, sans ajouter à la dette de l'État, enfin, pour que, par des arrangemens solides et légaux, l'on pût s'occuper de l'amortissement de la dette à la satisfaction des créanciers de l'État.

Les délégations proposées par mon plan de finances sont une ressource personnelle dont le Gouvernement peut faire usage. Cette ressource garantirait les emprunts journaliers qu'on a adoptés jusqu'à ce jour; ainsi elle n'ajouterait rien à la dette de l'État, leur mouvement ne servira pas d'aliment à l'agiotage, leur valeur sera à l'abri de l'estimation des agioteurs de la Capitale, puisqu'elles appartiendront à tous les départemens de la France : par le tableau annexé à ce Mémoire, qui offre le réglement du besoin des finances en 1818, 1819 et 1820, la liquidation de l'arriéré, et les frais de négociation ; l'émission à faire de délégations ne passera pas 1300 millions; et au 1.er janvier 1821, époque où les charges extraordinaires du trésor cesseront, tous les comptes réglés et liquidés, il n'existera sur la place que pour 1035 millions de coupons de délégations qui rentreront par 10.e chaque année, de manière qu'au 1.er janvier 1830 la dette exigible de la France sera totalement éteinte, et qu'elle jouira d'un crédit neuf qui fera sa force.

L'idée des délégations que je propose appartient au Roi, qui l'a émise dans son ordonnance du 16 août 1815; elle prouve sa bonne foi et ses intentions paternelles : si on en eût fait usage, les finances n'auraient pas éprouvé tant d'embarras, et leur position serait meilleure. Il est encore temps d'avoir recours à cette ressource avec avantage dans cette session, puisque par leur secours on fixerait le sort des budgets de 1818, 1819 et 1820, qui, chaque année, met le Gouvernement dans un état d'anxiété pénible.

Les délégations assureraient l'existence des créanciers de l'État, puisqu'elles aideraient leur libération, et les rendraient à leur industrie; ils ne seraient plus dévorés par le besoin qui les porte à faire des sacrifices sur leurs titres.

Elles rendraient moins sensible l'exportation du numéraire donné aux Puissances alliées pour frais de la guerre; elles favoriseraient l'activité de l'agriculture, du commerce et de l'industrie, qui, dégrevés des supplémens d'impôts dont on les a accablés, produiraient plus à l'État par leur prospérité. Comme les délégations rentreraient par 10.e de leur valeur, elles entretiendraient le crédit de l'État ; d'en suspendre les émissions, cela présenterait des économies à disposer dans des momens de besoins.

Tout milite en faveur des délégations : en faire un essai, ne peut ni suspendre la marche administrative du Gouvernement, ni nuire à son crédit, ni compromettre les intérêts de ceux qui les posséderont; ce serait prouver l'intention de régler les finances, et d'acquitter les créanciers de l'État avec des valeurs incontestables dont on peut disposer. Il est peu de ressources à présenter, aussi simples et aussi promptes : en l'indiquant on ne peut pas dire que c'est par un zèle intéressé, puisqu'il n'est pas question de créer des places.

L'établissement que je propose pour l'amortissement de la dette, sera un acte de justice en faveur des créanciers de l'État, dont on garantirait la créance, et un moyen certain d'amortir la dette, que l'on ne pourra jamais rembourser en numéraire : cet établissement sera un monument que la génération actuelle élevera à la postérité; car les rentes viagères sont les seules ressources légitimes qui soient à la disposition dès Gouvernemens. Les banques vont bien quelques fois à leur secours; mais il y a une grande différence, pour la politique, de l'un à l'autre. Les rentiers sont essentiellement attachés à la stabilité des Gouvernemens; leur intérêt les y porte : les intéressés d'une banque portent toutes leurs affections, tous leurs vœux, tous leurs efforts, à la conservation de leur caisse; tous les Gouvernemens leur conviennent; tous les changemens ne les affectent pas, pourvu que leur caisse soit à couvert, et leurs intérêts protégés. Nous en avons une preuve frappante dans notre funeste révolution qui n'a été developpée que par les seuls agioteurs du Palais-Royal; aussi le règne révolutionnaire les a presque tous enrichis.

La caisse d'amortissement, d'une part, des émissions de délégations sur la contribution, de l'autre, seraient deux ressources précieuses à la disposition du Gouvernement français, qui garantiraient son existence, et rendraient à la France cet état de splendeur qui la faisait distinguer des Puissances de l'Europe.

On a réclamé des réformes et des économies, et on a adopté des ressources qui ont exigé des sacrifices énormes. Il y a eu des réformes à faire assurément, à la suite du règne de l'usurpateur, que la politique a porté à créer des places à l'infini, afin d'avoir un plus grand nombre de partisans : mais il y a des économies impolitiques, en les faisant peser sur les administrations du Gouvernement, dont les employés doivent être payés selon leurs talens, et les mettre au-dessus du besoin, afin qu'ils se livrent avec zèle et probité aux fonctions qui leur sont confiées. Une administration bien dirigée assure au Gouvernement des économies certaines.

Si je me permets de présenter à Messieurs les Membres de la Chambre des Députés mon opinion sur le rétablissement des finances et l'amortissement de la dette, c'est l'espérance que j'ai que, dans les propositions que je soumets à leurs lumières, quelques-unes pourront présenter des ressources ; c'est un hommage des vœux que je fais pour la prospérité de la France. Tous les Français qui font les mêmes vœux, sont portés à tous les sacrifices pour cela : le militaire versera jusqu'à la dernière goutte de son sang pour la défense de la patrie ; le banquier donnera jusqu'au dernier écu de sa caisse pour aller au secours de ses finances. Nous possédons notre Roi légitime : ayons confiance en lui, à ses lumières, à son amour pour ses sujets ; et sans aucun sacrifice, son bonheur et celui de tous les Français sera certain.

C'est Sa Majesté qui a indiqué elle-même le système des délégations que je propose. Mon opinion sur l'amortissement de la dette, est l'application des lois fondamentales du Royaume, faites et mises en usage pendant nombre de siècles, qui ont consacré l'inaliénation des domaines de la couronne : j'observe que ces lois ne peuvent être suspendues en aucun temps. La dette perpétuelle qui existe (le consolidé) est un échafaudage mal fondé qui doit crouler à la première réclamation des anciennes lois sur les aliénations. Quel est le gage plus certain à offrir aux créanciers de l'Etat, comme des rentes viagères qui lient la génération contratante et celle qui lui succédera !

FIN.

TABLE
DES EXTINCTIONS PROGRESSIVES.

	fr.
12.e ANNÉE. Sur la somme de.	66,026,110
4 pour 100. Extinction.	2,641,040
13.e Année. —— Reste . . .	63,385,070
4 pour 100. Extinction.	2,535,400
14.e Année. —— Reste. . . .	60,849,670
4 pour 100. Extinction.	2,433,980
15.e Année. —— Reste. . . .	58,415,690
4 pour 100. Extinction.	2,336,620
16.e Année. —— Reste. . . .	56,079,070
4 pour 100. Extinction.	2,248,160
17.e Année. —— Reste. . . .	53,830,710
4 pour 100 Extinction.	2,153,230
18.e Année. —— Reste . . .	51,677,680
4 pour 100. Extinction.	2,067,100
19.e Année. —— Reste . . .	49,610,580
4 pour 100. Extinction.	1,983,420
20.e Année. —— Reste. . . .	47,626,160
4 pour 100. Extinction.	1,905,040
21.e Année. —— Reste. . . .	45,721,120
4 pour 100. Extinction.	1,828,840
22.e Année. —— Reste	43,892,280
4 pour 100 Extinction.	1,755,690
23.e Année. —— Reste. . . .	42,136,590
4 pour 100. Extinction.	1,685,460
24.e Année. —— Reste. . . .	40,451,130
4 pour 100. Extinction.	1,618,140
25.e Année. —— Reste. . . .	39,832,990
4 pour 100. Extinction.	1,593,310
26.e Année. —— Reste. . . .	38,239,680
4 pour 100. Extinction.	1,529,580
27.e Année. —— Reste. . . .	36,710,100
4 pour 100. Extinction.	1,468,400
28.e Année. —— Reste. . . .	35,241,700
4 pour 100. Extinction.	1,409,660
29.e Année. —— Reste. . . .	33,832,040
4 pour 100. Extinction.	1,333,280
30.e Année. —— Reste. . . .	32,498,760
4 pour 100. Extinction.	1,299,950
Reste. . . .	31,198,810

	fr.
31.e Année. —— Reste. . . .	31,198,910
4 pour 100. Extinction.	1,247,950
32.e Année. —— Reste. . . .	29,950,850
4 pour 100. Extinction.	1,198,030
33.e Année. —— Reste. . . .	28,752,830
4 pour 100. Extinction.	1,150,110
34.e Année. —— Reste. . . .	27,602,720
4 pour 100. Extinction.	1,104,100
35.e Année. —— Reste. . . .	26,598,620
4 pour 100. Extinction.	1,063,940
36.e Année. —— Reste. . . .	25,534,680
4 pour 100. Extinction.	1,021,380
37.e Année. —— Reste. . . .	24,513,300
4 pour 100. Extinction.	980,530
38.e Année. —— Reste. . . .	23,532,770
4 pour 100. Extinction.	941,310
39.e Année. —— Reste. . . .	22,691,460
4 pour 100. Extinction.	907,650
40.e Année. —— Reste. . . .	21,783,810
4 pour 100. Extinction.	871,350
41.e Année. —— Reste. . . .	20,912,460
4 pour 100. Extinction.	826,490
42.e Année. —— Reste. . . .	20,075,970
4 pour 100. Extinction.	803,030
43.e Année. —— Reste. . . .	19,272,940
4 pour 100. Extinction.	770,910
44.e Année. —— Reste. . . .	18,502,030
4 pour 100. Extinction.	740,080
45.e Année. —— Reste. . . .	17,762,000
4 pour 100. Extinction.	710,480
46.e Année. —— Reste. . . .	17,051,520
4 pour 100. Extinction.	682,360
47.e Année. —— Reste. . . .	16,369,170
4 pour 100. Extinction.	654,760
48.e Année. —— Reste. . . .	15,714,410
4 pour 100. Extinction.	628,570
49.e Année. —— Reste. . . .	15,085,840
4 pour 100. Extinction.	603,330
Reste. . . .	14,482,410

www.ingramcontent.com/pod-product-compliance
Lightning Source LLC
LaVergne TN
LVHW010044230826
846091LV00005B/1866